SABRINA BRUNELLI

MI PIEGO MA NON MI SPEZZO

**Come Usare Le Difficoltà Come Strumento
Per Adattarsi A Ogni Evenienza
Con Atteggiamento Positivo e
A Prova Di Resilienza**

Titolo

"MI PIEGO MA NON MI SPEZZO"

Autore

Sabrina Brunelli

Editore

Bruno Editore

Sito internet

http://www.brunoeditore.it

Tutti i diritti sono riservati a norma di legge. Nessuna parte di questo libro può essere riprodotta con alcun mezzo senza l'autorizzazione scritta dell'Autore e dell'Editore. È espressamente vietato trasmettere ad altri il presente libro, né in formato cartaceo né elettronico, né per denaro né a titolo gratuito. Le strategie riportate in questo libro sono frutto di anni di studi e specializzazioni, quindi non è garantito il raggiungimento dei medesimi risultati di crescita personale o professionale. Il lettore si assume piena responsabilità delle proprie scelte, consapevole dei rischi connessi a qualsiasi forma di esercizio. Il libro ha esclusivamente scopo formativo.

Sommario

Prefazione   pag. 5

Introduzione   pag. 20

Cap. 1: Come approcciare l'ambiente di origine   pag. 22

Cap. 2: Come costruire la tua famiglia   pag. 43

Cap. 3: Come affrontare il tuo lavoro   pag. 60

Cap. 4: Come superare la malattia   pag. 80

Cap. 5: Come gestire la tua vita   pag. 93

Conclusione   pag. 101

Prefazione

Spesso nella vita accadono cose totalmente impreviste e/o imprevedibili.

E sinceramente per me aver scritto questo libro ne è un esempio lampante. Quando si dice che ogni cosa capita quando deve capitare, né un momento prima né un momento dopo, è proprio vero.

Ma perché ho deciso di scrivere questo mio primo libro? A me è sempre piaciuto scrivere.

Ricordo che quando ero alle elementari avevo anche iniziato a scrivere delle poesie perché mi piaceva leggere quelle degli autori famosi, studiare la metrica, le rime baciate… Per me le penne, le matite, la carta hanno sempre avuto un fascino particolare e ne sono sempre stata attratta. Infatti, quando ero bambina e si stava avvicinando l'inizio dell'anno scolastico, per me era un giorno di festa quando, con tutta la famiglia, si andava ad acquistare l'occorrente per la scuola.

Il solo odore della cancelleria mi piaceva da morire! Forse per me era un momento speciale anche perché mio padre stava con noi un giorno intero – visto che mia madre all'epoca non aveva la patente – e quindi associavo anche la bella sensazione di passare una giornata con lui visto che non lo vedevo mai, o solo la sera tardi.

Ti racconto questo aneddoto: ricordo che all'epoca i fogli da disegno si vendevano a blocchi e che sulla copertina c'era scritto Raffaello (non so se sia ancora così).

Io non sapevo che Raffaello era il nome di un grandissimo pittore, per me era solo il nome di mio padre, e così da bambina pensavo che come c'era l'album da disegno che si chiamava Raffaello ci sarebbe stato anche quello che si chiamava Sabrina, così mi mettevo a spulciare tutti gli album nella speranza di trovare quello con il mio nome… ma niente! Tutti a nome Raffaello. Che pazza che ero!

Tra l'altro, abitando in una piccola frazione dove non c'erano negozi se non un piccolo generi alimentari e una tabaccheria, andare a fare acquisti in uno dei primissimi antenati dei centri commerciali attuali (ricordo ancora oggi che si chiamava Città Mercato) mi faceva entrare in contatto con un mondo che io non conoscevo, mi sembrava di entrare nel Paese dei balocchi.

Dopo la mia breve esperienza come poeta alle elementari, mi sono limitata a scrivere qualche pagina del mio diario personale – che ancora oggi conservo ben nascosto – e quando facevo le superiori ho partecipato a un concorso per il quale c'era da scrivere un tema sulla nascente Unione Europea.

Il concorso era aperto a tutti gli studenti delle scuole superiori di Verona e provincia, e io, unica nel mio istituto, mi aggiudicai uno dei venti posti a disposizione vincendo un soggiorno a Strasburgo per visitare il Parlamento Europeo. Ricordo ancora con piacere quell'esperienza!

Dopo quella bella avventura non ho più pensato di scrivere se non per motivi lavorativi (mi dà soddisfazione scrivere persino i ricorsi!), ma nulla più.

La mia nuova vita da scrittrice è iniziata qualche mese fa, esattamente il giorno in cui mi è arrivata sulla bacheca Facebook, la pubblicità di un certo Giacomo Bruno, che mi invitava a Milano a un'intensa tre giorni in cui avrebbe spiegato come mettere nero su bianco pensieri e parole, e scrivere il proprio libro.

Sinceramente non so cosa abbia fatto scattare in me la molla... Sicuramente la curiosità in primis, ma sentivo dentro di me che sarebbe stato l'inizio di qualcosa di diverso, e che sicuramente questo avrebbe cambiato in qualche modo la mia vita.

Ho fatto l'iscrizione così di getto, in un momento in cui ero particolarmente presa sia da problematiche aziendali molto pesanti che personali, certa che questa ventata di ossigeno al cervello mi avrebbe sicuramente portato beneficio, e così è stato...

Ho fatto tutto da sola, anche perché mio marito è insegnante e non avrebbe mai potuto accompagnarmi visto che il corso si è tenuto di venerdì, sabato e domenica e che lui sia il venerdì che il sabato deve essere a scuola. Ormai è abituato al fatto che se trovo qualcosa di interessante a cui partecipare deve lasciarmi andare, e di questo gli sono grata perché non mi è mai stato di ostacolo.

Quando mi capita di parlare con persone che non mi conoscono alle quali racconto tutte le cose che ho fatto o sto facendo mi prendono effettivamente un po' per matta, e la prima domanda che gli viene spontanea è: "Ma come fai a fare tutto?".

Posso rispondere sinceramente? Boh!

Non so neanche io dove trovo le energie, so solo che a volte ho quasi paura di non avere abbastanza tempo per vivere tutte le esperienze che vorrei, e questa credo sia una delle molle che mi dà la carica e le energie giuste per sperimentare.

Ho sempre avuto voglia di imparare tante cose, ma devo dire che un'ulteriore spinta e stimolo mi sono venuti da quando sono consapevole della mia malattia, perché purtroppo ho visto molte donne che dalla sera alla mattina, per colpa sua, hanno dovuto cambiare totalmente il loro stile di vita, e io devo tenere in conto che per colpa di questa bastarda potrebbe capitare anche a me la stessa cosa, quindi voglio vivere e sfruttare ogni momento!

"Cogli l'attimo fuggente!", per parafrasare uno splendido film con Robin Williams che riguardo sempre con estremo piacere.

Torniamo alla mia nascita come scrittrice: una volta deciso che nulla mi avrebbe impedito di essere a Milano per il mio week-end formativo con l'allora sconosciuto Giacomo Bruno, prenoto un albergo a venti minuti dal luogo dove si sarebbe tenuto il convegno, in modo da spendere per tutto il soggiorno il prezzo che avrei speso per una sola notte allo Sheraton; poi studio itinerario e tempi di percorrenza e mi preparo psicologicamente all'ignoto!

Arrivato il giorno della partenza (il venerdì si iniziava nel primo pomeriggio) stacco dal lavoro con un leggero ritardo a causa di un imprevisto e mi dirigo verso Milano, senza ben sapere in realtà a cosa stessi andando incontro. Trovo anche dei rallentamenti in autostrada per lavori in corso, il navigatore mi dà l'indicazione sbagliata e io arrivo all'albergo in cui ho prenotato senza avere nemmeno il tempo di salire in stanza e tirare un attimo il fiato.

Quel giorno non sono neanche riuscita a pranzare. Via di corsa sulla navetta che stava per partire, perché se l'avessi persa avrei dovuto attendere mezz'ora e sarei arrivata di sicuro in ritardo.

Arrivo all'aeroporto di Malpensa dove si trova la location e scendendo dalla navetta conosco una simpatica coppia di Pisa che come me si è iscritta al corso, così ci apprestiamo insieme a cercare l'ingresso dell'albergo.

Entro, mi dirigo al desk per ritirare il mio badge di riconoscimento, salgo le scale mobili che mi avrebbero condotto al primo piano, e qui rimango senza parole: accalcata fuori dalle porte ancora chiuse della sala una moltitudine di persone – più di ottocento! – che stavano aspettando di entrare.

Non avrei mai e poi mai pensato che così tante persone avessero questo desiderio di scrivere un libro!

Nel momento in cui mi sono iscritta pensavo di trovarmi a un corso di qualche decina di persone... ma ottocento sono una moltitudine!

In attesa di entrare conosco le persone che sono in fila accanto a me e mi stupisco di due cose: c'è gente che arriva da ogni parte d'Italia, e molti di loro hanno già un libro pronto, quindi per un attimo mi sento veramente un pesce fuor d'acqua visto che a me l'idea di scrivere un libro non è mai passata nemmeno nell'anticamera del cervello... ma tant'è, ormai sono qui, quindi andiamo ad ascoltare cosa mi racconterà mai questo Giacomo Bruno.

Non nascondo che in un primo momento sono stata assalita da una certa diffidenza, autoconvincendomi che di sicuro sarebbe stata la solita trovata commerciale per fare pubblicità alla casa editrice in questione, ma mi sono dovuta ricredere quasi immediatamente per come sono state impostate le tre giornate.

Appena Giacomo è salito sul palco mi è stato impossibile rimanere indifferente, per la passione e l'energia che trapelavano dalle sue parole e dal suo modo di fare.

Quando percepisco che dietro a qualsiasi lavoro c'è passione ed entusiasmo, per me è automatico ricevere delle sensazioni positive!

Amo le persone che fanno ogni cosa con il cuore, perché anch'io sono così e non potrei mai e poi mai concepire di fare un lavoro senza metterci tutta me stessa.

In tutta sincerità non ho mai capito chi fa un lavoro solo ed esclusivamente con l'obiettivo di timbrare il cartellino e aspettare la sera per fare altrettanto.

Ogni persona è libera di fare della propria vita ciò che ritiene più giusto, per carità, ma per la sottoscritta non c'è prigione peggiore che vivere una vita con l'unico scopo di far passare il tempo, di portare a casa uno stipendio svolgendo senza impegno un'attività qualsiasi.
Credo che per me sarebbe la punizione peggiore che chiunque potrebbe infliggermi.

Le tre giornate milanesi sono praticamente volate, ho raccolto una serie di informazioni di valore inestimabile ma era evidente che la casa editrice avrebbe selezionato un numero limitato di candidati: su ottocento partecipanti, gli aspiranti scrittori che Giacomo Bruno avrebbe potuto selezionare sarebbero stati circa una cinquantina, quindi davo praticamente per scontato che non sarei rientrata in questa selezione visto che non avevo nemmeno il libro pronto, e tantomeno l'idea su cui scrivere.

Tra l'altro per me non era nemmeno un momento particolarmente favorevole dal punto di vista economico, e quindi ho scritto di getto l'argomento su cui avrei potenzialmente basato il mio ipotetico libro – il tema della resilienza mi è venuto in mente come un'illuminazione, ma sicuramente questo percorso di tre giorni mi ha aiutato a scavare dentro di me e dentro le mie emozioni, facendole fuoriuscire spontaneamente – preparando la mia traccia da lasciare all'editore in due minuti, e senza la benché minima speranza di essere ricontattata.

Di certo però l'ho considerato un punto di partenza nel mio percorso di vita, ero sicura che sarei tornata a casa con la consapevolezza che prima o dopo sarei riuscita a scrivere il mio libro. Sono rientrata all'ovile con una carica di positività inconsueta, ma allo stesso tempo con la consapevolezza che si trattava di un progetto da mettere in piedi negli anni a venire, quando avrei trovato il tempo per farlo.

E invece… dieci giorni dopo sono stata contattata dallo staff di Giacomo che mi ha comunicato di aver trovato la mia idea molto interessante e che se fossi stata d'accordo mi avrebbero inserito fra i nuovi autori del 2018!

Sono rimasta tramortita da questa notizia, giunta fra l'altro in un pomeriggio lavorativo particolarmente teso e difficile, ma nello stesso tempo ero così felice che mi sembrava di volare!

Cosa faccio? Accetto o non accetto?

Mi sono concessa un pomeriggio di riflessione sui pro e sui contro, sul tempo che mi sarebbe servito per mettere in piedi il mio "figlio di carta"… e alla fine eccomi qua!

Rimaneva solo un piccolo dettaglio non secondario: trovare chi mi avrebbe dato una mano economicamente, ma anche qui mio marito non si è tirato indietro e mi ha detto: se è una cosa a cui tieni veramente tu falla, aspetteremo per fare altre spese.

E quindi pronti, partenza, via! Si sale sulla nave di questo fantastico viaggio, e come vi racconterò più avanti all'interno del mio libro, quando si tratta di viaggiare io sono in prima linea!

È iniziata ufficialmente la mia vita da scrittrice!

Ho conosciuto uno staff splendido (Vittorio, Mariarosa, Roberto, Alessandro) e dei compagni di avventura che portano con sé le storie più disparate e differenti fra loro, ma che hanno in comune una voglia di mettersi in gioco che raramente si riesce a trovare altrove.

Hai mai sentito parlare di scrittura terapeutica?

Posso dire senza ombra di dubbio che staccarmi dalla quotidianità e ritagliarmi uno spazio per scrivere mi ha fatto trovare delle energie che non pensavo minimamente di possedere, anzi più scrivevo e più mi caricavo di esse.

Scrivendo acquisivo una lucidità maggiore nell'affrontare ogni piccolo aspetto della vita quotidiana, e ti posso assicurare che quando hai delle giornate in cui sembra che tutto ti vada storto, questo ha un valore inestimabile.

Posso affermare che scrivere aiuta a essere resilienti, perché ti permette di ritagliarti uno spazio solo tuo in cui isolarti e fare un piccolo grande viaggio dentro di te.

Una volta che hai scritto il tuo libro e ne rileggi le pagine ti sembra incredibile di essere proprio tu l'autore, di essere riuscito a trasferire le tue emozioni e un pezzetto di vita su dei fogli, di carta o virtuali che siano.

Questo è quello che ho provato io scrivendo questa mia creatura, e se sarò riuscita a trasmettere il mio messaggio anche a una sola persona potrò dire di aver raggiunto il mio scopo di scrittrice.

Detto questo non posso fare altro che ringraziare Giacomo Bruno per avermi metaforicamente tagliato la strada quel giorno di settembre in cui ho ricevuto il suo invito via Facebook, perché mi ha costretto a frenare e a valutare questa possibilità.

Voglio ringraziare tutti i miei compagni di viaggio in questa avventura bellissima che auguro a ognuno di voi di provare.

Non li ho conosciuti personalmente tutti, ma coloro con i quali sono riuscita a entrare in contatto mi hanno trasmesso le loro emozioni, le loro storie di vita, il loro entusiasmo, che unito al mio ha creato un'esplosione di energie creative positive.

Voglio ringraziare mio marito che è il mio primo fan in tutte le cose che faccio (ti amo Pici) e tutte le persone che mi vogliono bene sinceramente, che per qualsiasi motivo hanno condiviso con me una parte del loro cammino e che mi hanno aiutato a diventare la persona che sono.

Infine, anche se sembrerà assurdo, voglio ringraziare le difficoltà grandi e piccole – tutte, nessuna esclusa! – che ho incontrato fino a oggi e quelle che incontrerò in futuro, perché hanno fatto di me una persona resiliente e che non si arrende mai!

Ecco perché mi piego ma non mi spezzo!

Sempre e comunque.
Sabrina

Introduzione

RESILIENZA... resi... che?

Ricordati di non mollare mai davanti a ogni difficoltà.
La difficoltà fa uscire fuori il meglio di te e ti rende consapevole del leone che hai dentro.

Con questo mio libro voglio accendere dentro di te la voglia di lottare sempre e comunque perché se non combatti sai già di avere perso ma se ci provi e giochi tutte le tue carte non è detto che ne uscirai vincente, ma di sicuro potrai uscire a testa alta da ogni sfida che la vita ti porrà davanti.

Non ci sono sfide che hanno minore importanza: quello che a te potrà sembrare facile per altre persone sarà difficilissimo...

Non sottovalutare mai le tue sfide!

Non sottovalutare mai contro chi dovrai combattere!

Se imparerai questi piccoli segreti potrai avere davanti il più grande dei giganti ma troverai sempre il modo giusto per affrontarlo.

Voglio dedicare questo libro a tutte le persone che pensano di avere problemi insormontabili raccontando la mia esperienza di persona normale che ha creduto in sé stessa.

Voglio regalare una speranza a chi sta vivendo un momento difficile di qualsiasi tipo.

Se cercherai sempre e comunque di uscire vincente da ogni battaglia e nonostante ciò saprai mantenere il tuo sorriso e il tuo atteggiamento sereno e grato alla vita, potrai dare veramente un senso al tuo viaggio terreno.

Buona lettura e... buona resilienza!

Capitolo 1:
Come approcciare l'ambiente di origine

Sto smanettando su Facebook quando incontro per la prima volta la parola *resilienza*, che subito non mi fa un grande effetto... sarà la solita parolona tecnica, penso fra me e me, parola per addetti ai lavori specializzati in qualche campo.

Però sono sempre stata curiosa, fin da bambina, ho provato tante cose, mille esperienze nel mio percorso di vita, dalle più disparate e meno connesse fra di loro: dalla danza al calcio, dallo studio della batteria all'uncinetto che aveva iniziato a insegnarmi mia nonna...

Così vado su Google e scopro che alla parola *resilienza* corrisponde questa definizione:
sostantivo femminile
1. Capacità di un materiale di assorbire un urto senza rompersi.

2. In psicologia, la capacità di un individuo di affrontare e superare un evento traumatico o un periodo di difficoltà.

Lo leggo e penso: "Certo... questa parola poteva essere solo femminile!".

Bella questa parola, bella questa definizione!

Entro subito in sintonia con questo termine e lo sento proprio mio. Chiudo gli occhi e inizio a vedere la mia vita da quando sono nata quarantacinque anni fa in una splendida città che amo, Verona.

Fino a oggi con tutto il mio bagaglio di esperienze belle o brutte che la vita mi ha regalato, penso a quante volte nel mio piccolo sono stata resiliente senza nemmeno saperlo... perché non è la conoscenza del termine che ti dà un requisito, ma l'esperienza che cucita su di te ti fa dire: "Che resiliente che sono!".

Non sono un caso disperato, me ne rendo ben conto, anzi nel mio piccolo mi ritengo una persona davvero fortunata. Lo sono stata da quando sono nata, da quando mia madre in ospedale è stata messa nel reparto dozzinanti senza pagare perché il reparto "popolare" era pieno... e poi sono nata di domenica: in inglese *Sunday* significa il giorno del sole e quindi come posso essere sfortunata?

Però mi guardo attorno e vedo un sacco di persone scontente, frustrate, annichilite, e penso che è veramente un peccato buttare via anni, mesi, giorni, minuti, secondi... visto che si dice sempre che la vita è una sola!

Una volta in un bar ho trovato questa frase: "Ricordati che la vita è una sola, ma se la vivi bene una è abbastanza!".
Che verità profonda!

Un'altra definizione che trovo della resilienza è nell'origine etimologica del termine. Pare infatti che derivi dal latino "resalio" e qualcuno a ciò affianca metaforicamente il gesto di risalire su un'imbarcazione capovolta dalla forza del mare, un ultimo e disperato tentativo di attaccarsi alla vita.

Ma chi sono io, perché credo di essere resiliente? O forse penso di esserlo ma non lo sono proprio?

Facciamo un po' di rewind, vediamo come è stato il mio film...

Nasco, come detto prima, a Verona quarantacinque anni fa, primogenita di tre fratelli. Avrei dovuto capire sin da subito che il mondo nel quale mi trovo a vivere è prettamente maschilista, sin dal reparto maternità dell'ospedale dove nacqui, lontani i tempi in cui i futuri padri potevano assistere al parto; l'infermiera di turno esce dalla sala parto e fa il suo annuncio: "È nato, è nato!".

Da lì mio padre, che era in trepida attesa, dice: "È un maschio!" e quando ahimè mi vede dice: "Avete sbagliato, mi avete scambiato il figlio, mi hanno detto che è un maschio, e invece mi state facendo vedere una femmina!".

In realtà non avevano sbagliato né l'infermiera né mio padre: etimologicamente per la lingua italiana un bimbo può essere sia maschio che femmina, così l'affermazione "È nato" si riferiva al bimbo senza specificare di che sesso... ma mio padre ha dato per scontato che fossi maschio.

Cominciamo bene!

Poi mi ha detto che guardandomi meglio riconobbe gli stessi lineamenti della sua nonna paterna Elisa e se ne fece una ragione che sì, dovevo proprio essere la sua figlioletta, e mi diede come secondo nome sul certificato di battesimo Elisa, particolare che scoprii solo ventinove anni dopo, quando andai dal mio parroco perché mi serviva il certificato di battesimo per potermi sposare.

Il mondo è maschilista, è un dato di fatto, e ancora tanta strada deve essere fatta per raggiungere la parità, ma ho vissuto in un mondo in cui era talmente naturale fare quello che si faceva che ho sempre dato per oro colato quello che mi veniva spiegato.

È anche per questo che ritengo la resilienza una caratteristica prettamente femminile, perché le donne per secoli hanno dovuto lottare e faticare sempre di più degli uomini per potersi affermare, per avere anche il semplice diritto di poter dire la loro, e questa difficoltà ha impresso nell'animo femminile una naturale dote a ricercare una soluzione ai vari problemi, a non lamentarsi mai, a superare sempre l'ostacolo.

Ovvio che non possiamo generalizzare, ma mi rendo conto di aver avuto attorno a me un sacco di esempi concreti di donne che non hanno mai mollato, che hanno tenuto duro, che hanno avuto un sorriso per gli altri anche quando tutto stava andando storto.

Il detto "dietro un grande uomo c'è sempre una grande donna" è sacrosanto e vorrei anche aggiungere che spesso quella donna è rimasta a vivere all'ombra di quell'uomo con l'umiltà di non prevaricarlo mai.

Naturalmente esistono anche situazioni opposte (e io penso di essere una di quelle) in cui il fatto di avere a fianco un compagno che crede nel valore della sua donna e stima il genere femminile fa sì che questa dote resiliente venga amplificata all'ennesima potenza.

Io sono stata sin da subito una brava bambina, sempre attenta a dimostrare che mi comportavo bene, che i miei genitori potevano essere fieri di me: mai un capriccio, brava a scuola...

Cercavo inconsciamente di ricevere approvazione, ma oggi mi

rendo conto che questo mio atteggiamento era dettato dal fatto che avevo dentro di me una tremenda paura di sbagliare.

Sono stata la primogenita di tre fratelli (gli altri due maschi) e di otto cugini (pure loro tutti maschi, tranne l'ultima) per parte di padre, e altri quattro per parte di madre (due maschi e due femmine, stavolta).

La mia infanzia l'ho passata assieme ai miei fratelli e ai miei cugini per parte di padre dato che abitavamo in una casa a tre piani in una piccola frazione di Verona dove al piano terra si trovava il fratello di mio padre, al primo piano i miei nonni paterni e al secondo piano la mia famiglia.

Il mio mondo girava tutto in un ambiente maschile, sin da bambina ero io a dovermi adattare ai giochi dei maschi, non di certo loro ai miei. Ma essendo la primogenita e la prima di una serie di nipoti (e donna) ho dovuto abbattere diversi ostacoli. Ricordo ancora, come se fosse ieri, le mie lotte per avere il motorino, per stare fuori la sera.

In realtà in mezzo ai maschi mi ci sono sempre trovata bene, li ho sempre considerati più diretti nel dire le cose, senza tanti giri di parole, e forse dato che anche io ho sempre avuto questa logica di semplicità facevo fatica ad adattarmi alle femmine, che per ogni cosa fanno una questione o un giro del globo per arrivare al punto.

Con ciò non denigro nulla; ho passato un'infanzia felice, serena, all'aria aperta, e con i miei fratelli e cugini mi sono divertita un sacco a fare giochi non proprio da signorine: battaglie con le castagne, casette costruite con assi di legno (quante volte abbiamo rischiato di rimanerci dentro, a quelle casette formate da quattro assi di legno legate con lo spago), corse in bicicletta simulando percorsi attorno alla nostra casa e alla stalla (da tre generazioni svolgiamo l'attività di commercio di suini) comprensive di casellante a cui pagare il pedaggio, costituito da una foglia strappata da una pianta rampicante che si aggrappava alla stalla (in queste gare posso assicurare che Valentino Rossi era un principiante).

Ma il nostro mondo di bambini era anche fatto dall'aiutare i nostri genitori, e così in estate sveglia presto perché c'era da caricare i maiali sul camion e si aiutava a tenere pulita la stalla lavando i vari box una volta che i maiali erano stati caricati. La mia infanzia in questo è stata speciale, e posso dire che non mi è mancato nulla, ma ho visto pochissimo mio padre che andava via alla mattina presto e tornava la sera tardi, sempre in giro per lavoro.

Nella mia famiglia di origine mio padre portava a casa la pagnotta e mia madre portava avanti la casa e ci accudiva, ed entrambi so che hanno cercato di farlo nel modo migliore che conoscevano, anche se solo ora mi rendo conto che a volte al mio concetto di famiglia manca qualche pezzetto, e l'ho scoperto conoscendo altre famiglie, a partire da quella di mio marito.

Sono comunque grata ai miei genitori per tutto quello che hanno fatto per me, per i valori che mi hanno trasmesso e per come mi hanno educato, sia ben chiaro! Ma quando si lavora in proprio bisogna essere bravi a saper ritagliare degli spazi in cui si dice: "Bene, il lavoro è finito, parliamo di altre cose".

Purtroppo spesso e volentieri il lavoro prevale su tutto ed è una cosa che non ho mai sopportato. Mi sono mancate tante occasioni di dialogo e di confronto (anche per colpa mia, lo ammetto), una sorta di riservatezza reciproca, la riservatezza del "se hai bisogno sai che sono qua..." ma anche di questo me ne sono resa conto quando ormai era troppo tardi e la mia infanzia se ne era bell'e che andata.

Vivere per lavorare... sempre e comunque. Per carità, se non lavori non porti a casa la grana e la tua famiglia soffre, ma le persone invecchiano ogni minuto e corri il rischio di non trovarle più quando pensi che adesso forse avresti il tempo di farci due parole... è triste ma è così!

Torniamo a me. La mia infanzia serena mi fa vivere esperienze belle, formo il mio carattere andando in giro con mio padre in estate a dargli una mano nel suo lavoro e questo mi consente di uscire un po' dalla mia timidezza e di imparare a interfacciarmi con le persone.

Mi ricordo come fosse ora quello che mi diceva ogni volta prima di entrare nella casa di qualche cliente: "Mi raccomando, quando entri chiedi permesso, saluta sempre con buongiorno e buonasera, ringrazia e quando chiedi qualcosa sempre per piacere".

Questo insegnamento mi è rimasto impresso a fuoco, e di questo devo essere grata a mio padre, e mi rendo conto che lo stesso insegnamento è invece mancato a molte persone che incontro tutti i giorni.

SEGRETO n. 1: non avere paura.

Oltre all'educazione mi è sempre stato insegnato a rimanere umile e a non avere invidia degli altri, e solo a distanza di tempo mi sono resa conto di quanto questa cosa sia utile e ti faccia vivere bene in qualsiasi contesto ti trovi.

Non capisco per quale motivo alcune persone ritengono che se hanno studiato o hanno più soldi di altri questo li autorizzi a sentirsi superiori, è una cosa che ho sempre odiato, anche perché nella mia logica dovrebbe proprio essere il contrario.

Se ho la fortuna di aver potuto studiare e di avere qualche soldo in più dovrei essere per prima cosa grato di ciò, e in secondo luogo saper capire meglio le altre persone, avere la capacità di mettermi nei loro panni e nel possibile cercare di aiutarli, ovviamente in un rapporto di rispetto reciproco, di dualità, dove da entrambe le parti si collabora. Non ci si deve approfittare della situazione, e questo è purtroppo lo sbaglio nel quale si tende a cadere.

Tanti nel mondo di oggi tendono a tenere i figli sotto una campana di vetro, hanno paura che facciano le loro esperienze, che abbiano delle delusioni, prendano delle batoste, ma così facendo non fanno altro che far del male al figlio, che in questo modo non crescerà mai e che prima o dopo quella delusione o quella ferita ce l'avrà comunque, facendo una fatica bestiale ad assorbire l'urto visto che non è stato mai preparato a farlo.

Di mio comunque sono sempre stata una persona positiva, me lo ha detto la prima volta la mia maestra delle elementari quando spiegava la teoria del bicchiere mezzo pieno e mezzo vuoto e di come lo stesso bicchiere viene visto dall'ottimista e dal pessimista.

Io ascoltavo incantata ma non capivo del tutto e quindi ho chiesto:

"Maestra, e io come sono?", al che lei mi risponde: "Tu Sabrina sei senza dubbio un'ottimista!".

Da lì me ne sono fatta una convinzione che mi ha sempre portato a vedere il lato bello delle cose (primo attacco di resilienza?) senza sapere che quello che stavo facendo era già un'acerbissima forma del coaching mentale del quale oggi si parla tanto.

SEGRETO n. 2: mantieni un atteggiamento positivo sempre e comunque.

Mi piace pensare però che sia facile essere positivi quando tutto va bene, quando ti senti fisicamente ok, quando la gente ti apprezza per quello che fai, quando ti circondi di persone che ti stimano e che godono veramente e in maniera sincera dei tuoi successi; ma il difficile è essere positivi e cercare il positivo anche nelle cose brutte che ti possono sfiorare di striscio o centrarti in pieno, come nel più classico degli incidenti stradali.

Ecco, io mi sento così, nel mio piccolo credo di essere riuscita a mantenermi serena anche nelle situazioni difficili e questo per un'attitudine personale ma anche per una grande voglia di vivere che mi caratterizza.

Adoro la musica, secondo me la musica è vita pura e ha il potere di risuonarmi dentro e di toccare delle corde così profonde che a volte mi sembra di stare in un'altra dimensione!

Non ho vizi particolari, non fumo, non mi sono mai drogata ma ho sempre considerato la musica la mia droga personale, dalla quale ho sempre avuto dipendenza!

La musica mi ha sempre catturato come i topi sono attirati dal formaggio. I miei genitori mi raccontano che quando ero piccina e si andava al mare (all'epoca risuonavano ancora i juke-box) se io passavo davanti a uno di questi che stava suonando una qualsiasi canzone io mi fermavo e iniziavo a ballare da sola: questo faceva impazzire i tedeschi in vacanza in Romagna, che si mettevano a fotografarmi e a battere le mani.

La musica mi è sempre stata accanto, in tutti i miei momenti tristi e felici, e non ricordo un momento importante della mia vita in cui non ci sia stato un sottofondo musicale a sottolinearlo.

È anche per questo che appena sento una canzone collegata a qualche momento bello o brutto mi viene da piangere per l'emozione. Quante volte ho pianto da sola in macchina, così come quante volte ho cantato a squarciagola mentre guidavo! Di sicuro mi sono presa della pazza dalle persone che incrociavo ferme al semaforo ma chi se ne frega.

Mio marito, che ormai mi conosce bene, sa che quando sale nella mia macchina la prima cosa che deve fare prima di metterla in moto è abbassare il volume dello stereo: non sia mai che prima di spegnerla non ci fosse stata una canzone fra le mie preferite (magari una dei Duran Duran, gruppo che adoro e che amo con tutta me stessa) per la quale ho messo il volume "a manetta" come si dice dalle mie parti. Una volta ha quasi rischiato l'infarto!

Adoro i concerti, adoro quella sensazione di incrocio di vite altrui che si riuniscono per la durata dello spettacolo in una magia unica… e solo chi ama la musica sa di cosa sto parlando. Poi se hai la fortuna di vivere in una città famosa in tutto il mondo per la sua Arena sai cosa vuol dire assistere a un concerto indimenticabile, sia per l'atmosfera sia per l'acustica. Per me la musica è bellezza allo stato puro, è un'arte invisibile e impalpabile che riempie lo spazio dove si diffonde, è un dono di Dio.

Sono un po' pazza, lo ammetto, e non mi piace fermarmi davanti a nulla se voglio raggiungere qualcosa; è sempre stato così, e anzi, più la sfida è difficile e più è stimolante. Ho dovuto guadagnarmi da sola molte cose ed è anche per questo che una volta conquistate le apprezzo e cerco di non darle mai per scontate, siano esse persone, esperienze di vita, oggetti materiali.

In questo ribadisco che un atteggiamento mentale positivo e vincente dà una grossa mano. Il caro vecchio detto "cuor contento il ciel l'aiuta" è verissimo, e ho avuto modo di testarlo nelle occasioni più disparate.

Ritengo di avere avuto molte opportunità, alcune colte, altre miseramente sprecate, ma non è mai troppo tardi per cambiare atteggiamento e mentalità, e soprattutto non è mai troppo tardi per raggiungere qualsiasi obiettivo.

Riagganciandomi a quanto detto all'inizio, mi ferisce profondamente vedere persone, alcune a me anche molto vicine, che vedono tutto con negatività e pessimismo. Il brutto è che tu puoi fare qualsiasi sforzo per farle ricredere, ma sono talmente convinte del loro stato che non riuscirai a fare nulla di concreto se loro stessi per primi non arrivano a rendersi conto della situazione in cui si trovano e delle potenzialità che hanno e che non stanno sfruttando.

Forse è più facile lamentarsi che agire? forse è più facile dire "non ci riuscirò mai" piuttosto che mettersi in gioco, abbandonare la propria zona di comfort e provare a fare qualcosa che porti al cambiamento? A volte provo una tale rabbia nel vedere che la soluzione di qualsivoglia problema è lì (a volte è addirittura la soluzione stessa che ti chiede di essere presa!) e invece… nulla! Ti passa sotto il naso, ne senti quasi l'odore, ma te la lasci tristemente sfuggire.

SEGRETO n. 3: cogli la bellezza di ciò che ti circonda e sii

grato per quello che hai.

Ammetto che anche per me in alcuni momenti è stato così: in passato non ho saputo reagire nella maniera adeguata ad alcune situazioni, ma sono convinta che anche le criticità e i passi falsi, se uno ci prova, si possono verificare, fa parte del gioco: puoi vincere o puoi perdere, ma almeno ci hai provato.

Se non ci provi di sicuro non perdi e non sbagli: è quello che ho avuto paura di fare io per molto tempo, ma così sei condannato a rimanere nella posizione in cui ti trovi e vivrai sempre con il rimorso di non aver provato quella volta a rischiare, a metterci del tuo… e se non lo fai tu, nessuno lo farà per te.

Non è facile, verissimo, non è per niente facile, ma qualsiasi cosa non è facile fino a che non la si impara. Nel gergo popolare si dice *è facile come fare 1+1*, ma va' a dirlo a un analfabeta… magari non sa quanto fa 1+1.

Eppure per la maggioranza delle persone è di una facilità estrema perché lo hanno imparato, quindi quello che mi sento di dire è che qualsiasi cosa è facile o difficile, dipende dall'approccio che abbiamo nei suoi confronti... siamo disposti a pagare questo prezzo per migliorare qualsiasi situazione? Siamo disposti a uscire dalla nostra zona di comfort e lottare con tutti noi stessi per raggiungere quella meta?

Quando mi trovo in qualche momento di difficoltà penso sempre che:

1. non può durare all'infinito (un vecchio proverbio siciliano, terra che adoro, dice che il bel tempo e il brutto tempo non durano tutto il tempo) quindi non lasciamoci abbattere: è un dato di fatto che nel ciclo della vita dopo una discesa c'è una risalita;

2. provo a guardare dall'alto quel problema, come se io non ne fossi coinvolta; molto spesso cercando di vedere da esterna un problema che sto vivendo la mia visuale cambia, e molto spesso si riesce a vedere quella situazione in maniera meno pesante e soprattutto il più delle volte si capisce che non è così grave come ci sembrava.

Già con questi due "segreti di Pulcinella" abbiamo iniziato a limare il problema o perlomeno a renderlo maggiormente alla nostra portata.

Abbiamo iniziato a smontare il nemico, a farlo fuori a piccoli morsi!

RIEPILOGO DEL CAPITOLO 1:
- SEGRETO n. 1: non avere paura.
- SEGRETO n. 2: mantieni un atteggiamento positivo sempre e comunque.
- SEGRETO n. 3: cogli la bellezza di ciò che ti circonda e sii grato per quello che hai.

Capitolo 2:
Come costruire la tua famiglia

Ho sempre amato l'amore... ho sempre sognato in grande.
Devo dire che ho avuto dentro di me l'idea che l'amore principale, quello per la persona con la quale decidi di condividere il tuo viaggio, deve essere al di sopra di ogni cosa.

Sono sempre stata molto selettiva nei miei rapporti personali perché credo che i rapporti, per essere saldi e reggere nel tempo, debbano basarsi non solo sulla passione del momento ma anche su delle solide basi di condivisione, affetto e stima reciproca.

Queste sono cose che si costruiscono con il tempo, non si creano dall'oggi al domani, e infatti il numero dei partner che mi sono stati accanto è inferiore alle dita di una mano. Quando investo in un rapporto dò tutta me stessa, non mi freno, ma prima di arrivare a questo livello quella persona ha dovuto abbattere tutta una serie di mie barriere.

In questo mi riconosco molto nel frutto del fico d'India: all'apparenza duro e coriaceo con le sue spine, ma se lo sai cogliere e ne addenti la polpa è di una dolcezza deliziosa e sconvolgente.

Non è facile da conquistare, sin dalla raccolta se non sei attrezzato ti pungi le mani, e anche una volta raccolto mantiene il suo carattere. Quando lo mastichi trovi quei suoi semini che lo caratterizzano, come a dire *sono dolce, ma sono anche duro quindi devi imparare a gustarmi.*

Inoltre non ho mai voluto piacere a tutti; è vero sono una casinista a cui piace far festa, ma una casinista a modo mio, prima di aprirmi con le persone esse devono saper fare breccia in me. Non sono la classica persona che fa amicizia con tutti o che, se è seduta a tavola con degli sconosciuti, attacca subito bottone. Diciamo che la mia scorzetta da fico d'India ce l'ho eccome!

Tutte le persone che ho amato hanno lasciato dentro di me un segno, mi hanno insegnato qualcosa, mi hanno formato caratterialmente e come persona, e comunque non serbo rancore per nessuno. Le cose nella vita cambiano, le persone cambiano, ed è normale che due persone che hanno condiviso una parte della loro vita assieme a un certo punto non si riconoscano più, perché hanno avuto un livello di crescita differente, un'evoluzione differente che ha fatto sì che dopo un po' di tempo quelle due persone che fino a un momento prima si capivano al volo arrivassero a non capirsi proprio, o addirittura ad avere una visione diametralmente opposta delle cose.

In questo sta la maturità di capire quando è arrivato quel momento e rimanere persone civili, serbando il ricordo di tutte le cose belle di quella persona e possibilmente dimenticando il brutto e quello che ci ha fatto soffrire.

Secondo me siamo come gli indicatori di direzione delle macchine. Vi è mai capitato di osservare la macchina davanti a voi quando siete fermi a un semaforo e avete entrambi la freccia accesa per svoltare da qualche parte?

Fateci caso: la vostra freccia e la sua per qualche secondo battono assieme, poi gradualmente si sfasano per poi ritornare a lampeggiare all'unisono.

Ecco, dobbiamo fare in modo che la persona che ci sta accanto lampeggi all'unisono con noi il più possibile, ma è inevitabile che prima o poi si sfaserà per tornare in seguito sulla nostra lunghezza d'onda.

Questo è l'andamento di tutti i rapporti umani, a maggior ragione di quello con il proprio partner (quindi oltre a cantare a squarciagola mi piace osservare anche questi dettagli quando sono in macchina).

SEGRETO n. 1: circondati delle persone giuste.

Oggi accanto a me ho una persona straordinaria che ha saputo accompagnarmi e starmi al fianco in tutte le avventure che ho affrontato, e ritengo che questa non sia una cosa di poco conto.
Amiamo entrambi le piccole cose, quelle che non hanno prezzo e che non si possono comprare, una serata con gli amici, un bel tramonto, il nostro cane che ci viene incontro e che ci fa le feste o che russa beatamente nella sua cesta.

È pur vero che non disdegno nemmeno un anello di diamanti o un bel viaggio da qualche parte: non siamo ipocriti, la bella vita piace a tutti, ma se sei fondamentalmente solo, se non hai a fianco qualcuno che possa condividere con te un pezzo di strada della vita, che ti appoggia e ti sprona, che sa tirarti fuori un sorriso anche se è lui il primo a essere stanco e sfinito, be', allora sei proprio una persona sfortunata e di questo bisogna sempre esserne coscienti.

Non dare nulla per scontato!

L'amore si vede soprattutto nei piccoli gesti quotidiani, nelle gentilezze, nel mettersi nei panni dell'altro e cercare di dargli una mano senza chiedere nulla in cambio, in quel "sono qui" che non serve dire a parole… aprirti il cancello la sera per evitare di farti smontare dalla macchina e farti prendere freddo, farti trovare lo spazzolino da denti con su il dentifricio sulla mensola del bagno perché sai che per l'altro è stata una giornata durissima sul lavoro ed è sfinito…

E poi io e lui ci tocchiamo sempre: un abbraccio, una carezza un bacio sanno risolvere e abbattere molte barriere! Io sono molto fisica e coccolona, adoro essere stretta fino a farmi mancare l'aria!

Insieme ci divertiamo tanto, amo la sua intelligenza arguta e il suo modo di spiegarmi le cose, amo il modo in cui mi fa sentire e devo ringraziarlo profondamente se oggi sono la persona che sono.

Mi rendo conto che la mia vita ha un ritmo che non è facile da tenere e da comprendere per chi mi sta accanto, perché per molto tempo ho dato la priorità del mio tempo al lavoro pensando (in maniera sbagliata) che lavorando in proprio fosse giusto che non avesse limiti, fosse giusto che assorbisse tutte le mie energie, ma ora capisco che non è assolutamente giusto che sia così.

SEGRETO n. 2: credi in te stesso e nella tua unicità.

Ho capito che la vita è fatta di lavoro ma anche degli innumerevoli attimi che dobbiamo saper cogliere ogni giorno, e che non sono scontati o dovuti e soprattutto che non torneranno più indietro.

In questo lui ha saputo aspettare e rispettare le mie scelte, mi ha spiegato i concetti dal suo punto di vista e ha avuto la pazienza di aspettare che io lo capissi. Adesso con il senno di poi vedo delle cose che una volta non vedevo, metto a fuoco delle cose che prima non erano nemmeno all'orizzonte e questo anche grazie a lui.

Lui che odia la confusione mi ha sempre accompagnato in ogni parte d'Italia per assistere ai miei amati concerti senza battere ciglio (sono riuscita a fargli vedere due concerti dei Duran Duran in tre giorni, prima a Taormina e poi a Verona) e non mi ha mai detto di no a ogni mia richiesta più strana, anzi mi ha sempre incoraggiato.

Siamo due gran testoni, in questo anche lui è un fico d'India con la sua bella scorzetta, ma alla fine abbiamo sempre superato tutto uscendo ogni volta rafforzati da ogni esperienza. Abbiamo undici anni di differenza che non si vedono proprio, siamo entrambi un po' pazzi e ci piace goderci la vita.

Naturalmente non è tutto rose e fiori: ci sono delle cose del suo carattere che non concepisco, odio le sue sigarette (e per questo abbiamo avuto degli scontri potenti in passato), ma sicuramente ci sono degli aspetti del mio carattere che lui non digerisce: nessuno è perfetto.
Diciamo che le nostre frecce per il momento si sono sempre ritrovate!

Abbiamo viaggiato tanto, ho sempre pensato che viaggiare sia il modo migliore di spendere i propri soldi perché un viaggio non è solo vacanza, un viaggio ti lascia una delle cose che non possono essere comprate nemmeno se fossi arci ultra milionario.

Un viaggio ti lascia un'esperienza, ti lascia un ricordo, ti fa vedere con i tuoi stessi occhi com'è la vita delle persone lontano o vicino a te, e per questo non c'è telegiornale o documentario che tenga.

Mia madre (persona che stimo profondamente perché ha instillato in me la convinzione che non dobbiamo mai avere paura di dire ciò che pensiamo, e che con il suo vissuto mi ha dimostrato di essere una persona che non si lascia abbattere facilmente, anzi!)

mi dice sempre: "Perché vai tanto in giro quando un posto lo puoi vedere anche in tv?".

Non è la stessa cosa, mamma, te lo assicuro!

Il viaggio per me è la metafora della vita, quando parto per un luogo nuovo in cui non sono mai stata ho lo stesso entusiasmo di una bambina (pienamente condiviso anche da mio marito) e sono eccitatissima!

Il viaggiare poi, il vedere posti nuovi ti fa capire due cose fondamentali:

1. tutte le persone, in ogni parte del mondo, sono uguali, hanno le stesse speranze, gli stessi dubbi, le stesse paure;
2. ogni volta che torno a casa penso a quanto sono fortunata a vivere in Italia. Nessuno al mondo ha il nostro patrimonio storico, culturale, paesaggistico e gastronomico! Peccato che siamo dei perfetti masochisti e non sappiamo valorizzare tutto questo tesoro. Se penso che l'Italia non è che un francobollo nel mappamondo questa cosa è doppiamente

straordinaria!

Non ho avuto figli, ma se li avessi avuti avrei insegnato ai miei figli a viaggiare, a vedere con i loro occhi questa meraviglia di mondo!

Un'altra cosa fondamentale che il mio super maritino sa fare molto bene è cucinare e qui, donne, vi auguro la mia stessa fortuna!

È indubbio che mangiare bene induce un benessere profondo che poi si ripercuote in positività ed energia. Anche mangiare bene aiuta a essere resilienti e ad affrontare meglio le sfide della vita.

Dico questo perché è importante nella vita circondarsi di persone che ti aiutano a crescere, che ti siano di stimolo, fonte di ispirazione continua nelle quali tu riponi la più assoluta fiducia.

Se ti circondi di persone di questo tipo sarai sicuramente agevolato nel tuo percorso resiliente, sarà una solida roccia sulla quale costruire le tue basi anche quando tutto intorno crolla e sembra che nessuno creda più in te.

È naturale poi che la cosa diventi reciproca, sarai anche tu una spalla per l'altra persona e questo vi renderà complici e forti. La vita ci mette di fronte a una serie di difficoltà sempre e comunque, ma è ben diverso se hai a disposizione una scimitarra da samurai o un coltellino di plastica per affrontare il tuo nemico.

Ecco, io penso che la persona che hai a fianco può essere la tua scimitarra o il tuo coltellino di plastica usa e getta. Nel momento di difficoltà di quale arma vorresti essere dotato? Io personalmente voto per la scimitarra!

Detto ciò, non bisogna aver paura di rimanere soli se ci si accorge che la persona che si ha fianco è sbagliata per noi oppure lo è diventata con il passare del tempo. Meglio soli che male accompagnati! Anche nella vita di coppia bisogna saper essere onesti e capire quando è il momento di mollare la presa, altrimenti avremo solo un nemico in più da combattere e non c'è cosa peggiore di avere il nemico in casa.

Sinceramente non mi è mai interessato più di tanto il giudizio della gente, cosa che invece nella società in passato era molto tenuto in considerazione, e magari per questo ci si accontentava di vivere una vita mediocre piuttosto che fare scelte impopolari o che avrebbero destato scalpore.

Ricordiamoci che la vita che abbiamo è solo nostra, e nessun altro ha il diritto di dirci come dobbiamo viverla. È pieno il mondo di gente che ha vissuto la sua vita come hanno voluto gli altri, e sinceramente se ci penso mi viene una grande tristezza.

Tornando a me, mio marito mi dice sempre che prima di conoscermi non avrebbe mai pensato di sposarsi, tant'è che quando ha annunciato il suo matrimonio i suoi amici hanno voluto conoscermi perché non ci credevano.

Io e lui ci siamo conosciuti in palestra molti anni prima di iniziare a frequentarci, lui sempre estremamente professionale ma circondato da un sacco di donne (era istruttore di step e l'utenza era prevalentemente femminile), io una sua allieva di corso.

Da notare che quando ci siamo conosciuti qualche anno prima sia io che lui eravamo accompagnati, e che mai e poi mai avrei detto che un giorno quella persona me la sarei sposata! Anzi, se qualcuno me lo avesse detto probabilmente mi sarei fatta una grassa risata!

Ma anche qui mai dire mai… E volete sapere cosa è stato a conquistarlo? Un cotechino! Sì, avete letto bene, proprio un cotechino!

Infatti quando abbiamo iniziato ad avvicinarci e a parlare più spesso abbiamo preso anche a raccontarci di noi prima e dopo la palestra e da lì, da quelle conversazioni, mi sono resa conto che appunto è una buona forchetta (oltre a far da mangiare in maniera divina), così una sera, finita la lezione, mentre stava sistemando la musica e raccogliendo le sue cose mi sono accostata a lui e gli ho detto: "Se mi aspetti fuori ho da darti una cosa!". Chissà cosa avrà pensato… e invece voilà, ecco un cotechino artigianale buonissimo!

A distanza di tempo mi ha detto che quella è stata una cosa che lo ha colpito molto di me, della mia semplicità. Ecco, questo è il messaggio: bisogna avere sempre le antenne ben posizionate e cogliere ogni spunto che la vita ci offre per trovare le soluzioni.

Può sembrare banale, ma se io non avessi ascoltato attentamente mio marito (o meglio il mio futuro marito) non gli avrei portato quel cotechino che è stata la chiave di volta di tutta la mia storia con lui... posso quindi dire che le cose più grandi si nascondono nelle cose più semplici, basta saper essere attenti e cogliere ogni piccolo segnale!

Nel limite del possibile cerchiamo di fare le cose con la nostra testa e con il nostro cuore e difficilmente sbaglieremo, o meglio potremo perdere qualche battaglia, ma alla fine verrà fuori il nostro io più autentico, e se riusciamo a rimanere noi stessi in ogni situazione, be', allora abbiamo già vinto!

Non bisogna aver paura delle proprie doti o qualità, non bisogna sentirsi inadeguati... io di solito penso che se qualcuno prima di me è riuscito in una certa cosa allora è sicuro che posso riuscirci anche io, e se invece non ci è ancora riuscito nessuno c'è sempre una prima volta!

Ricordiamoci che se una cosa la visualizziamo dentro di noi come già fatta con successo, con ogni probabilità quella cosa riusciremo a realizzarla, sempre che desideriamo raggiungere ardentemente e con passione quell'obiettivo.

Se non ci siamo riusciti è perché, in fondo in fondo, non ce l'abbiamo messa tutta!

Se non ci siamo riusciti e abbiamo riportato qualche ferita, anziché nasconderla dobbiamo celebrarla, perché è da quella ferita che è partito il cambiamento.

Ho letto su un libro che in Giappone esiste l'arte del *kintsukuroi*, che consiste nel riparare gli oggetti rotti riempiendo le fessure con oro o argento.
Praticamente invece di cercare di nascondere i difetti e le crepe gli stessi vengono accentuati e celebrati, perché sono diventati la testimonianza dell'imperfezione e della fragilità, ma nello stesso tempo sono simbolo di resilienza e quindi dimostrano la capacità

di recuperare e di diventare più forti di prima.

SEGRETO n. 3: sii aperto al cambiamento.

Facciamo in modo di essere anche noi dei vasi rotti ma ben riparati!

Oppure di essere come dei leoni che hanno combattuto e nella battaglia hanno riportato delle cicatrici! Siamo fieri di quelle cicatrici perché sono il segno di chi ha combattuto!

RIEPILOGO DEL CAPITOLO 2:
- SEGRETO n. 1: circondati delle persone giuste.
- SEGRETO n. 2: credi in te stesso e nella tua unicità.
- SEGRETO n. 3: sii aperto al cambiamento.

Capitolo 3:
Come affrontare il tuo lavoro

Credo di essere una ragioniera nata. Ho sempre amato far quadrare le cose, più sugli altri che su di me a dire il vero, ma mi dà proprio soddisfazione mettere le cose al posto giusto, stabilire l'ordine delle cose, dare a ogni elemento la giusta collocazione.

Questa è un'attitudine che ho avuto sin da bambina, forse proprio per il fatto che dovevo dimostrare di essere brava e più matura della mia età, più meritevole di responsabilità...forse in questo sono stata una piccola adulta anche da bambina.

In realtà sin dalle elementari mi è sempre piaciuto andare a scuola e, modestamente, sono sempre stata una fra quelle con i voti più alti della classe, sia in materie umanistiche sia in materie scientifiche, visto che oltre a fare bene i conti mi è sempre piaciuto scrivere e senza falsa modestia mi riesce anche piuttosto bene e mi dà una gran soddisfazione.

Finita la terza media – come per tutti i quattordicenni o perlomeno come la maggioranza di essi, è estremamente difficile sapere che tipo di indirizzo si vuole prendere per la propria vita – anche io ho fatto una scelta altamente consapevole e ponderata: ho scelto di fare la stessa scuola che faceva la mia migliore amica delle medie.

Fortuna ha voluto che lei fosse figlia di un commercialista e che quindi il suo destino era quello di fare ragioneria; e posso dire ora, con il senno di poi, che non avrei potuto fare una scelta migliore visto che il percorso di studi che ho fatto era proprio adatto a me.

In questo frangente però posso dire che è stata proprio una questione di fortuna, solo di fortuna! E il bello è che la mia scelta di indirizzo scolastico l'ho fatta solo ed esclusivamente per seguire la mia carissima amica Giorgia, ma alla fine mi sono ritrovata da sola perché all'ultimo momento il padre di Giorgia decise di iscriverla a una delle scuole private più famose di Verona, per parità con il fratello che aveva frequentato lo stesso istituto.

Quindi io mi sono ritrovata iscritta in una scuola senza conoscere minimamente dove si trovasse l'istituto e soprattutto senza la mia migliore amica. Comunque alla fine sono stata contenta della scuola che ho frequentato, degli insegnanti che ho avuto, dei miei compagni di classe.

Serbo dei ricordi bellissimi e se potessi tornare indietro sicuramente sceglierei di nuovo la stessa scuola, cosa che invece molti dei miei compagni di classe di allora probabilmente non farebbero, perché si sono resi conto quando ormai erano a più della metà del percorso di studio che l'indirizzo non era quello a loro più consono, più affine alle loro attitudini.

SEGRETO n. 1: se credi in quello che fai nessuno può scoraggiarti.

A me ragioneria è piaciuta proprio un sacco, e anche i miei genitori mi hanno avallato in questa scelta. Ricordo ancora oggi quando annunciai che avrei fatto quel tipo di studi per gestire la contabilità nella mia azienda familiare (o come si dice dalle mie parti per *tenere su i conti*), che fino a quel momento aveva sempre seguito mio nonno.

Allora era normale e soprattutto possibile, visto che le normative e gli impegni burocratici di qualche decina di anni fa erano innumerevolmente inferiori rispetto a quelli odierni, e vidi mio padre, a cui invece seguire le varie pendenze amministrative non è mai piaciuto, gongolare soddisfatto.

Infatti, appena finii le superiori trovai subito lavoro per un paio di mesi in una piccola azienda della Zai (zona agricola industriale) a pochi chilometri da casa, dove mi trovai subito a mio agio e appresi le prime metodologie pratiche di organizzazione dell'ufficio, visto che la scuola (almeno ai miei tempi) era lontana anni luce dal mondo del lavoro, e quindi piena di belle nozioni ma per nulla integrata con la vita sul campo che le imprese devono quotidianamente affrontare.

Ho avuto sia una collega straordinaria sia dei titolari (padre e figlio) che mi hanno trattata come una di famiglia e che sono stati realmente dispiaciuti quando ho comunicato loro che mi sarei licenziata in quanto l'azienda di famiglia aveva bisogno di me.

Ho sempre dato il massimo, questo è il mio carattere e sono

convinta che quando si dà il massimo anche se si sbaglia chi ti affianca lo percepisce e lo apprezza. Detto fatto, dopo pochi mesi eccomi in azienda da me, dove a tutti gli effetti un vero e proprio ufficio non esisteva nemmeno.

Le scartoffie erano tutte racchiuse in un mobiletto settimanale di nonno Bepi, che curava personalmente tutto – andava in banca, in posta, dal commercialista e via dicendo – mentre i due figli, ovvero mio padre e mio zio, stavano tutto il giorno in giro con il loro furgone a caricare e scaricare maiali.

Era un mondo che funzionava così, e per quei tempi funzionava benissimo! Quindi in questo posso dire di essere partita da zero e di aver fatto a meno per molti anni del computer, visto che segnavo tutto a mano.

Con il tempo per fortuna l'attività si è a poco a poco ingrandita, i figli sono cresciuti e mio padre e mio zio hanno creato due realtà distinte.

Posso dire con estremo orgoglio di essermi fatta la mia bella gavetta, di aver avuto non poche difficoltà con i miei colleghi di lavoro: io sola contro tutti visto che mio padre e i miei fratelli, e poi a seguire i vari operai, erano là fuori e credo non percepissero fino in fondo il mio ruolo; o forse sono stata io a non essere stata in grado di far capire loro l'importanza di una stretta collaborazione fra il reparto amministrativo e quello commerciale.

Molte volte mi sono sentita scontata, deprezzata nel mio compito, nella mia mansione quotidiana, perché il lavoro, quello vero, è quello in cui si fa fatica, è quello in cui in estate si suda e in inverno si sta al freddo, cosa vuoi che sia mettere in ordine due carte e far quadrare quattro conti?

Io sto in ufficio, sono al caldo, con la mia super radio accesa in sottofondo e per di più seduta, quindi anche se ti devi sbattere un po' di più perché chi è là fuori si dimentica di fare qualcosa, be', è normale, fuori si sta lavorando! E il bello è che per anni ho assecondato questo punto di vista, l'ho trovata quasi giusto... l'ufficio veniva sempre e comunque dopo tutto il resto.

Ci si è sempre dimenticati che con un po' di organizzazione si riesce a fare una mole di lavoro infinitamente più grande di quella che si fa puntando sempre e solo sul fare tutto di corsa perché così sembra di fare di più. Peccato però che le cose fatte di corsa spessissimo siano fatte in maniera incompleta, e finché è una persona sola a svolgere il lavoro questo si può anche tollerare, ma quando il lavoro è conseguenza di una filiera di passaggi è inevitabile che l'intoppo di un ingranaggio ricada a cascata su tutti gli altri.

Se mi guardo indietro adesso dico: ma come sono riuscita ad assecondare tutto ciò? Questo concetto ora proprio non lo capisco, ma per una vita mi è stato del tutto familiare e risuonava come un disco rotto nella mia testa: perché?

Ora, non dico che l'azienda in cui lavoro sta in piedi solo perché ci sono io che guido l'amministrazione, anzi, ma sono convinta che il lavoro sia sempre un gioco di squadra in cui tutti devono cercare di fare la loro parte, e che fare bene le piccole cose ti porta a fare bene anche le grandi e grandissime cose.

L'ho imparato uscendo dal mio guscio, confrontandomi con altre realtà totalmente diverse dalla mia ma che avevano in comune tante cose dalle quali imparare e prendere spunto.

Ancora oggi, quando cerco di ottenere una maggiore collaborazione fra i reparti, spesso mi viene detto che non è facile programmare… e chi dice sia facile! Ma almeno proviamoci.

Tutti i cambiamenti all'inizio creano difficoltà, perché si tratta di modificare atteggiamenti e abitudini che sono talmente radicati che sembrano impossibili da modificare. Ma se partiamo già dicendo che non ci si può organizzare diversamente e allo stesso tempo ci si lamenta per delle oggettive difficoltà nella gestione ordinaria del lavoro non si va da nessuna parte, quindi o si fa qualcosa per cambiare o almeno si deve avere l'onestà intellettuale di non lamentarsi per delle cose che oggettivamente non si possono – ma ancor più non si vogliono – cambiare perché è più comodo tenerle così!

Odio i giochi individuali, a me il gioco di squadra è sempre piaciuto. Ho giocato per molti anni a calcio femminile, ruolo mediano destro, maglia numero 4, con dei discreti risultati fra l'altro. Grazie a questo sport ho girato in lungo e in largo l'Italia e ho visto tantissime realtà, quando il calcio femminile, diciamolo, non godeva del "rispetto" di cui tutto sommato gode oggi.

Una bambina o ragazzina che giocava a calcio non era granché ben vista. O era un maschiaccio, o aveva problemi relazionali; tante mie compagne di squadra sono state scoraggiate perché il calcio non è sport da donne, il calcio ti fa venire i polpacci grossi, il calcio non è cosa da signorine e tante altre cavolate. Addirittura alcune sono state costrette a smettere di praticare del tutto lo sport perché i loro ragazzi si vergognavano di avere una ragazza che giocava a calcio... che assurdità!

SEGRETO n. 2: nessuno può permettersi di fare delle scelte per te.

Io ricordo che ho sempre amato giocare a pallone, sin da bambina, con i miei cugini, e mi ha sempre dato un gran senso di libertà impantanarmi nel fango quando capitava di giocare sotto la pioggia o nella nebbia, era bellissimo! Mio padre in questo non mi ha mai ostacolato, anzi mi ha sempre incoraggiata perché lui, da sempre appassionato di calcio, aveva avuto due figli maschi che a calcio erano delle vere schiappe e ai quali del gioco del calcio non interessava proprio per nulla.

Invece io e mio padre andavamo sempre allo stadio insieme a vedere l'Hellas Verona, ci divertivamo un sacco e quindi quando io, la figlia femmina, gli ho chiesto di portarmi a giocare a calcio, non ha saputo dirmi di no. È stata la sua rivincita. Ricordo invece la faccia di mia madre quando glielo dissi. Da persona pratica quale è sempre stata mi disse: "Ok, vai pure, ma le scarpe te le devi lavare tu!". Che ridere se ci penso adesso…

Ecco, quando ho voluto qualcosa sono sempre stata testarda e alla fine sono riuscita a ottenerla ogni volta. Mio marito dice che sono una piccola limetta, una piccola punta di trapano che però continua a trapanare e che con costanza e determinazione butta giù le montagne, e se ci penso è proprio vero!

Il numero 4 è un numero che spesso e volentieri si è ripetuto nella mia vita: intanto è il numero che esce facendo la somma della mia data di nascita e corrisponde all'essere una persona emozionale (verissimo); ero il numero 4 nell'elenco alfabetico a scuola, sia alle elementari che alle medie che alle superiori, ero il numero 4 nella mia breve carriera pallavolistica, ero il numero 4 a calcio... mi ha sempre affascinata questa storia del numero che periodicamente si ripresenta nella mia vita, non so nemmeno io il perché.

Comunque tornando al mio lavoro ne sono ancora profondamente innamorata, perché mi dà proprio soddisfazione, e sono convinta di essere apprezzata dagli altri per quello che faccio, ma non è stato sempre così, a dire la verità, e per questo ho sofferto molto in passato.

La consapevolezza che il passare degli anni ho acquisito mi ha permesso di rendermi conto che ho fatto tanta strada, che ho dato il mio contributo alla mia azienda, e anche se questo nei fatti e nelle parole molte volte non viene riconosciuto, con la maturità di oggi posso affermare che poco mi importa.

So di essere a posto con la mia coscienza, di aver investito e creduto nella mia azienda forse anche più del dovuto, ma ci ho messo il cuore e non me ne pento. Sto cercando in tutti i modi di portarla avanti anche se negli anni ci sono stati più di uno sgambetto, più di qualche pugnalata alle spalle, più di qualche passo falso… ma con orgoglio sono qui e di sicuro non mollo!

Chiunque lavori in proprio in Italia sa quanto sia difficile portare avanti un'azienda combattendo quotidianamente sul campo con i più svariati "nemici": fisco, tasse, insoluti, burocrazia, banche…

Molto probabilmente la stessa realtà che oggi stiamo portando avanti io, mio fratello e mio padre, se fosse nata ora anziché negli anni Trenta non sarebbe nemmeno partita viste tutte le oggettive difficoltà attuali.

Questo potrebbe essere un ottimo spunto di riflessione per le istituzioni che a parole dicono di essere vicine alla piccola e media impresa ma che di fatto stanno facendo di tutto per affossarla e distruggerla.

Tra l'altro ogni volta che ho passato qualche momento di difficoltà ho sempre incrociato sul mio cammino persone positive e buone che mi hanno realmente dato una mano, ad esempio due bravi commercialisti, conosciuti per caso perché hanno l'ufficio proprio sopra la palestra che frequento, che mi hanno fornito aiuto durante un accertamento tributario e che poi si sono presi a cuore la mia azienda e la seguono con una cura che va al di là del rapporto professionale.

Oppure un bravo collaboratore che ha scelto la mia azienda fra le tante che seguiva quando lavorava nello studio commercialista che avevo una volta, e che a oggi ha saputo darmi dei consigli veramente validi con la sua professionalità e con il cuore, permettendomi di superare dei momenti lavorativi difficili.

O ancora delle banche che hanno continuato a credere in te quando altre ti hanno abbandonato proprio nel momento in cui ne avevi più bisogno, anche se lavoravi con loro da più di trent'anni e non hai mai ritardato un pagamento o sconfinato di un centesimo (oltre a tante persone pronte a commiserarti con le parole ma a non muovere neanche un dito per te nei fatti, alcune addirittura felici e ridenti se qualcosa ti va storto).

Questo voglio dire: se si crede veramente in qualcosa si è disposti a lottare con tutte le proprie forze per andare avanti, ma bisogna anche mettere in conto che quando coloro che sono sulla tua stessa barca hanno degli obiettivi che differiscono dai tuoi non sempre si riesce a raggiungere un compromesso e allora, forse, è giunto il momento di tirare i remi in barca oppure, come dice uno dei miei più cari amici, scendere dal treno.

Il lavoro è importante ma lo è infinitamente di più la tua serenità, la tua famiglia, la tua pace interiore; purtroppo se ci sono delle cose che non si riesce a cambiare bisogna rendersi conto che bisogna lasciarle andare, come un palloncino gonfiato a elio che se apri le dita se ne va, verso il cielo infinito.

Io sono giunta a questa conclusione e sono in una fase della vita in cui non mi fa paura nulla, a costo di passare per una persona che è impazzita ho scelto di essere serena con me stessa e di non aver paura di cambiare, se quella è l'unica alternativa.

Abbandonare qualcosa su cui ho investito gran parte della mia vita non è facile, ma se i miei compagni di avventura hanno visioni lontane anni luce dalla mia e non si fa nulla per avvicinare i punti di vista, non è possibile condividere nulla.

Credo inoltre che un clima di collaborazione e di serenità aiuti la produttività e la coesione fra colleghi.

La situazione al lavoro deve essere il più possibile tranquilla, che non vuol dire di riposo o di svacco, bisogna essere sempre concentrati e sul pezzo, ognuno responsabile delle proprie azioni fino alla fine, nel bene e nel male.

Anche qui, l'antica cultura veneta nella quale sono pienamente immersa vuole che il lavoro sia un sinonimo di fatica, tribolazione, una via crucis quotidiana: se non fai fatica a fare una cosa, se il lavoro viene svolto liscio, senza intoppi di alcun genere, magari facendoci scappare anche una risata... orrore! Qui si lavora, mica si fa festa!

No no, non è proprio il mio concetto, io credo che se l'ambiente è sereno e in un clima di collaborazione e di stima, si possano ottenere delle sinergie impensate e una fluidità di azione eccezionale. Per fare questo però è obbligatorio avere dei compiti ben definiti e soprattutto non interferire nei passaggi.

Capisco che questo fa parte di un contesto di organizzazione aziendale dove tutti devono impegnarsi a rispettare i patti, i luoghi e le condizioni, altrimenti è come finire continuamente sulla casella *Torna al via* del Monopoli o del gioco dell'oca: tanta strada fatta e tanto impegno buttati, se poi invece di andare avanti si continuano a fare gli stessi errori e a ritornare indietro.

In questa mia visione mi hanno dato una grossa mano i vari corsi che ho fatto in giro per l'Italia con i più diversi formatori, che voglio ringraziare tutti dal profondo del cuore per le nozioni che mi hanno dato.

Certo è che bisogna anche mettersi nello stato mentale di voler veramente cambiare, non solamente a parole.

SEGRETO n. 3: metti il cuore in ogni cosa che fai.

Mettersi sempre in gioco, non finire mai di imparare e soprattutto prendere spunto da chi è più avanti di te in ogni cosa, in questo caso nel lavoro.

Ovvio che ci sono delle persone che faranno più fatica ad adeguarsi, e questo per una serie di motivi: hanno paura del cambiamento, sono pigre e non vogliono cambiare perché il cambiamento comporta uno stravolgimento, piccolo o grande, delle proprie abitudini, che più sono consolidate più si impongono fra te e il cambiamento, e più vanno a minare la tua magari non saldissima convinzione di cambiare.

Convincersi che una cosa si è sempre fatta così ed è sempre andata bene per quello, convincersi che un determinato articolo non si può fare a meno di commercializzarlo perché in tempi passati ha portato (forse) a dei buoni guadagni, e se ora ti fermi con quel prodotto ti fermi con tutto (è davvero così o è solo la tua mente che non vuole cercare una soluzione alternativa?).

Il mercato, qualsiasi mercato, è cambiato e sta continuamente cambiando a una velocità tale che se non siamo pronti noi ad adeguarci a lui, di sicuro lui non ci aspetterà, nemmeno se siamo stati considerati i numeri uno di quel settore fino a ora.

In questo io vedo la grossa responsabilità di ogni imprenditore nel sapersi adeguare al mercato cercando di anticipare più possibile i tempi. Il vortice più si va avanti più sarà veloce, e saprà tanto risucchiarci e farci morire quanto darci vita e portarci a un successo insperato e inimmaginabile.

Noi piccole e medie aziende siamo pronti a questo?

Io con la mia realtà sono pronta a questo?

Quotidiane battaglie interne, soprattutto quando è in atto un passaggio generazionale magari non facile, portano a perdere di vista l'obiettivo primario, ovvero dare continuità a un'azienda storica che ha delle potenzialità enormi, delle singole capacità imprenditoriali non ancora del tutto sfruttate, delle esperienze di vita da investire per creare sinergie e non ostacolare le singole pedine che fanno parte della scacchiera. Questo io voglio per il mio futuro lavorativo!

Quindi sì, credo proprio di essere resiliente e di aver dato prova di ciò… e ne sono estremamente fiera!

RIEPILOGO DEL CAPITOLO 3:
- SEGRETO n. 1: se credi in quello che fai nessuno può scoraggiarti.
- SEGRETO n. 2: nessuno può permettersi di fare delle scelte per te.
- SEGRETO n. 3: metti il cuore in ogni cosa che fai.

Capitolo 4:
Come superare la malattia

Una delle cose che ho sempre pensato – sbagliando, ovviamente – è che essendomi sempre presa cura di me stessa, avendo avuto sempre un'alimentazione sana, fatto sport, fatto regolarmente tutte i controlli di anno in anno e non avendo vizi dannosi (fumo, droghe o quant'altro) nel momento in cui avessi deciso di "allargare" la famiglia, o meglio avere figli, sarebbe bastato smettere di prendere la pillola anticoncezionale e voilà! Subito sarei rimasta incinta! Che presuntuosa che sono stata, ma chi mi credevo di essere?

Premetto che non ho mai avuto uno spiccato istinto materno, non sono la classica donna che quando vede un bimbo parte con mille vocine e coccole al pargoletto. Vedo tante mie conoscenti che sono così, ma devo anche sinceramente affermare che quando ho conosciuto il mio futuro marito ho pensato subito che un figlio con lui lo avrei fatto volentieri, e senza falsa modestia penso che sarebbe stato anche un gran figo, non a livello estetico ma a livello di persona.

Vedo come mio marito sa approcciarsi con i bambini e soprattutto con gli adolescenti, vedo come si sa rapportare con loro (lui è insegnante di educazione fisica alle superiori) e sono certa che se avessimo avuto un figlio nostro, con tutta probabilità sarebbe stata una gran bella persona. Ma la vita non va sempre come diciamo e vogliamo noi.

Bisogna prendere e apprezzare tutto quello che ci presenta, il bello e il brutto, perché questo è il percorso che ci è stato assegnato; anche se a volte, forse anche per un nostro egoismo personale, siamo fermamente convinti di riuscire a ottenere qualsiasi cosa, anche contro natura, e questo non è per niente giusto né giustificabile.

Tornando a me, nel momento in cui io e mio marito decidiamo di mettere in cantiere un bimbo, ci sembra di essere quasi onnipotenti. È quasi matematica l'equazione sono sana, sono sempre stata controllata, non bevo, non fumo, siamo donatori di sangue, sportivi e bla bla bla, dia come risultato una bella gravidanza serena… ma così non è stato!

SEGRETO n. 1: non dare nulla per scontato.

Ho cambiato numerosi ginecologi che mi hanno prescritto sempre i soliti controlli (tutto è sempre risultato ok, naturalmente) e tutti mi hanno sempre detto: "Nessun problema, signora, deve solo stare tranquilla e non pensarci perché più ci pensa e più il figlio tarderà ad arrivare". Bel consiglio, proprio un bel consiglio!

Tu cerchi di stare tranquilla, serena, ma dal momento che decidi vedi solo pance in giro per la città… tuo marito continua a ripeterti che dovete essere fatalisti, e nel frattempo passano i mesi e non succede niente… che fare?

Mio marito ha una sua visione del mondo molto fatalista, a volte oserei dire quasi cinica nel suo realismo: se il figlio non arriva facciamocene una ragione, si vede che non è nel nostro destino. Ma noi donne siamo diverse, io sono diversa, e non posso rinunciare senza aver provato almeno a fare qualcosa per dare una spintarella al mio destino, anche perché è vero che non dimostro la mia età, ma qua gli anni passano inesorabilmente e di gravidanze nemmeno l'ombra.

Naturalmente mettere mio marito nell'ottica delle idee di provare ad andare in un centro della fertilità è come cercare di far mangiare della carne a un vegetariano, ma si sa, per amore si fanno tante cose che di sicuro se fossi da solo con le tue convinzioni non faresti.

Il caso (o destino) vuole però che ci sia una mia carissima amica (anzi, la mia migliore amica!) che aveva iniziato con suo marito questo percorso prima di me, e viste le lunghe liste di attesa per accedere ai centri pubblici aveva pensato bene di prenotare in due centri contemporaneamente, in modo da avere una doppia chance. Io, che sono nata con la camicia, vengo contattata da questa mia amica che mi dice che deve disdire al centro fertilità di Negrar perché ha già fatto in un altro centro. Ma prima di disdire ha pensato a me.

Vi pare che mi lascio sfuggire una occasione del genere piovuta dal cielo? Certo cara amica mia, ne approfitto eccome! Ho persino il vantaggio che mio marito è preso alla sprovvista e non mi può dire di no! e quindi la settimana dopo, contenta come una Pasqua, eccomi al posto della mia sorellona di cuore, carica di speranza di avere qualche buona notizia.

La dottoressa è molto gentile, ci chiede che accertamenti abbiamo fatto e sinceramente io le dico: "Guardi, ho fatto le solite visite, ho cambiato più di un medico e tutti mi hanno detto che è tutto a posto, che devo solo stare tranquilla". "Ma come" mi risponde lei, "nessuno ti ha fatto fare l'esame per vedere se le tube sono aperte? È un esame da fare tra i primi, perché se le tube non sono aperte tu puoi essere tranquilla fin che vuoi, ma c'è proprio un problema meccanico e non potresti mai rimanere incinta. La prima cosa da fare è vedere se le tube sono aperte!"

Ma possibile che nessuno dei medici che ho interpellato fino a ora non abbia mai pensato di farmi fare questo benedetto esame? Io stessa adesso, appena sento qualcuna che non riesce a rimanere incinta, le chiedo: "Hai fatto l'esame per vedere se le tube sono aperte?". Io, che di medicina non so nulla… ma soprassediamo.

Mi fissa questo esame e mi premette già che non sarà un esame piacevole. Ci rechiamo in ambulatorio il giorno prefissato e in cuore mio mi dico (e dico anche a mio marito): "Speriamo che trovino qualcosa (ovviamente di curabile) così almeno avrò una risposta al fatto che fino a ora il nostro bimbo non sia arrivato...".

Faccio l'isterosalpingografia con mezzo di contrasto e la dottoressa vede un problema alla tuba sinistra, che definisce *sactosalpinge*. Esito della visita: c'è da operare in laparoscopia per togliere questa cosa... evvai! Scoperto l'arcano! Operatemi subito! Non perdiamo tempo!
Sono contenta, ecco la spiegazione al mio problema, ecco cosa c'è che mi impedisce di avere un bambino.

Come al solito il mio entusiasmo mi fa credere di aver trovato la soluzione al mio male. Tutti a mettermi in guardia: sei sicura, aspetta, senti un altro parere... Macché, io ero già partita per la tangente, avevo trovato la mia soluzione! Il fatto è che non sempre le cose si risolvono con così poco, e ahimè questa era una di quelle volte.

Mi opero il 9 maggio del 2008, ma al mio risveglio e ancora mezza intontita per l'anestesia il medico pronuncia il nome della mia malattia: endometriosi! Ma no, vi sbagliate, è la mia compagna di stanza che ha quel problema, è lei che è salita dalla Sicilia per venirsi a operare nel vostro centro che è considerato uno dei più avanzati in Italia per questa patologia subdola e invalidante... che c'entro io?

E invece c'entro proprio, l'intervento in laparoscopia ha mostrato quello che esternamente era impossibile diagnosticare, una bella endometriosi grave al quarto stadio (anche qui il numero 4, mio Dio). Sono incredula!

Apriti cielo, cos'è questa cosa? Mi si apre un mondo assolutamente nuovo e del quale, un po' come per la resilienza, vengo a conoscenza nel modo più assurdo.

SEGRETO n. 2: niente ti è dovuto.

Scopro l'endometriosi, una malattia diffusissima ma altrettanto sconosciuta visto che si stima ci siano più di tre milioni di donne in Italia che ne sono affette, e più di centocinquanta milioni di donne in tutto il mondo.

È una malattia talmente strana che non esiste una donna con gli stessi sintomi di un'altra, e questo fa sì che per diagnosticarla ci sia un ritardo anche di 8/10 anni.

Cos'è l'endometriosi? È una malattia provocata dal proliferare di tessuto endometriale al di fuori della cavità uterina: può arrivare addirittura nei polmoni. Questo tessuto, ogni mese, sotto l'effetto ormonale, dapprima cresce nell'utero pronto ad accogliere una eventuale gravidanza, e successivamente in sua mancanza si sfalda dando origine alle mestruazioni.

Fino a lì tutto ok, ma cosa succede se questo tipo di tessuto si impianta in altre zone? Ad esempio vicino al tratto intestinale?

Succede che questo tessuto si comporta esattamente come deve fare, peccato che non lo faccia nella sua sede naturale dove può fuoriuscire attraverso le mestruazioni, ma rimanga lì per mesi e anni e vada a costituire delle cisti che mese dopo mese, sotto l'effetto ormonale e a causa di questi sanguinamenti, diventano sempre meno elastiche, e anzi vanno ad attaccare gli organi sui quali aderiscono, arrivando nei casi più estremi a deformare gli stessi.

Io, che appunto sono una donna fortunata, ho sviluppato queste cisti in zone non particolarmente innervate e quindi per me la malattia, prima di essere consapevole di averla, è stata del tutto asintomatica e la mia qualità di vita è sempre stata eccellente.

Molto probabilmente se non avessi cercato una gravidanza non avrei mai saputo di essere malata e di avere questa patologia. Devo dire che con il passare degli anni in realtà anche i miei sintomi sono peggiorati, ma con una terapia farmacologica e controlli funzionali periodici sullo stato del mio intestino, dei miei reni e dei miei valori di un paio di marcatori indicativi nel sangue, riesco a gestire egregiamente la situazione.

Le donne però, tutte le donne, devono sapere che non è normale stare male quando si ha il ciclo, quando si hanno rapporti, quando si va in bagno, per cui se avete questi sintomi parlatene con il vostro medico e soprattutto cercate dei centri specializzati in questa malattia, perché se andate nelle mani di un bravissimo ginecologo che però non sa nulla di endometriosi rischiate veramente di fare dei danni colossali e soprattutto permanenti. Questo è il consiglio che mi sento di darvi con il cuore in mano.

In questo mio percorso di sofferenza ho avuto modo di conoscere un'associazione fatta da donne che soffrono di questa patologia e che cercano in tutti i modi di diffondere la conoscenza di questa malattia, affinché altre donne non passino il loro stesso calvario.

Si organizzano incontri di auto-mutuo-aiuto periodici, si organizzano eventi in tutta Italia con lo scopo di sensibilizzare e informare, si cerca di dialogare con i medici ginecologi. Un gran lavoro fatto con la tenacia e la perseveranza di noi donne: se vorrai sarò ben lieta di parlartene.

Soprattutto si cerca di fare in modo che le donne non si sentano sole nella loro disperazione... se sai che non sei solo acquisisci una forza straordinaria!

Il motto dell'associazione è "Fare informazione per creare consapevolezza", e lo trovo un concetto bellissimo e concreto.

Tornando alla mia visione resiliente devo ringraziare anche questo frangente della mia vita perché mi ha fatto conoscere delle persone che hanno affrontato questa bestiaccia di malattia con coraggio e dignità.

Tutte le volte che esco dagli incontri (a dire il vero ultimamente ho un po' abbandonato la frequenza ma seguo sempre le ragazze), ne esco da un lato affranta nel sentire tutta una serie di episodi in molti casi veramente struggenti per la loro gravità, ma nello stesso tempo orgogliosa per quanto queste piccole grandi donne stanno cercando di fare per migliorare la vita di molte altre, e per spingere le istituzioni a dare voce a questo mare di dolore.

SEGRETO n. 3: la condivisione di un obiettivo comune ci dà la forza per raggiungerlo, basta che la condivisione avvenga fra persone che hanno la stessa fervente passione e determinazione.

Il bello dell'associazione è che cerca sempre di dare un supporto con una visione il più possibile positiva, perché qui come nella vita in generale non serve a nulla piangersi addosso, ma bisogna affrontare le situazioni (tutte) con la voglia di combattere e di superare gli ostacoli.

Come detto qualche capitolo fa, da bambina mi sono sempre trovata meglio con i maschi che con le femmine perché li ho sempre ritenuti più diretti nel comunicare ciò che pensano, ma con il passare del tempo ho rivalutato quella sorta di sorellanza che unisce le donne quando si mettono insieme per raggiungere un obiettivo, e in questo devo dire che siamo grandissime e insuperabili.

RIEPILOGO DEL CAPITOLO 4:
- SEGRETO n. 1: non dare nulla per scontato.
- SEGRETO n. 2: niente ti è dovuto.
- SEGRETO n. 3: la condivisione di un obiettivo comune ci dà la forza per raggiungerlo, basta che la condivisione avvenga fra persone che hanno la stessa fervente passione e determinazione.

Capitolo 5:
Come gestire la tua vita

Arrivata alla fine di questo mio percorso introspettivo che dire, è stato bellissimo rivedere alcune scene del film della mia vita con la certezza che al replay avrei potuto fare meglio, ma anche sicuramente peggio... e soprattutto ogni cambiamento che avrei potuto apportare avrebbe avuto conseguenze sul susseguirsi della mia vita.

Ricordi il film *Sliding Doors*? Oppure *Ritorno al futuro*?
È vero, se potessimo tornare indietro nel tempo cambieremmo delle cose che magari non ci sono piaciute e che sul momento ci sembravano giuste, ma che con il famoso senno di poi non avremmo mai fatto... però quante altre cose sarebbero cambiate nel frattempo?

Se io non mi fossi iscritta nella palestra XY non avrei potuto conoscere mio marito, e se lui avesse studiato Medicina anziché

Scienze motorie non avrebbe insegnato in quella palestra e non mi avrebbe conosciuto.

Questo è solo un esempio sciocco e banale ma se pensiamo bene alla nostra vita, quante volte dalle scelte più sbagliate e apparentemente senza senso sono scaturite conoscenze strepitose che ci hanno letteralmente cambiato la vita?

Quante volte malediciamo una certa cosa e non pensiamo che proprio grazie a essa siamo le persone che siamo, con i nostri pregi e difetti, ma anche con la nostra meravigliosa unicità?

Io sono convinta che dentro a ognuno di noi ci siano delle potenzialità inestimabili, ma che spesso siamo noi i primi a non credere in noi stessi e a tutto quello che possiamo fare per migliorare il mondo e dare a esso il nostro contributo.

SEGRETO n. 1: per essere resilienti non bisogna mai smettere di lottare.

Ci facciamo mille problemi, ci autogiustifichiamo pensando che quella cosa non era da fare e che avremmo fatto meglio a essere altrove, ma non è che si tratta solo di autocommiserazione e di paura del fallimento? La responsabilità delle nostre azioni è solo nostra, punto.

Finiamola col prendercela con il mondo, con la sfortuna, con la politica, con il tempo, con il destino!
Finiamola di lamentarci con tutti di tutto!

È vero, vedremo sempre quella persona a cui apparentemente cade tutto dal cielo senza mai fare nulla... ma siamo proprio sicuri che sia effettivamente così? Conosciamo per filo e per segno tutta la sua vita e le difficoltà che ha dovuto affrontare?

Io non credo, e se anche fosse così sappi che quella è un'eccezione e che la normalità e una cosa diversa. La normalità siamo tutti noi che viviamo tutti i giorni la nostra vita, il più delle volte arrabbiati perché ci manca qualcosa, senza vedere che invece siamo ricchissimi ma che purtroppo quella ricchezza la diamo per scontata.

Io credo che ognuno deve essere consapevole della grande fortuna che ha e deve lottare ogni giorno per questa consapevolezza.

Devi renderti conto che lamentarsi di per sé non porta a nulla, se non ad assumere un atteggiamento passivo nei confronti della vita.

Devi sapere che abbiamo la possibilità di metterci in gioco sempre e comunque, e che per fare questo non è mai troppo tardi. Fino al secondo prima di morire abbiamo questa possibilità e siccome il bello è che non sappiamo quanto durerà in termini di tempo la nostra vita, non possiamo permetterci di sprecare il nostro tempo che oggi è la cosa più preziosa che abbiamo.

Impariamo dai nostri errori, impariamo dalle difficoltà quotidiane che dobbiamo affrontare, sono certa che se cambierai il tuo atteggiamento nei confronti della vita tutto a cascata ne beneficerà.

In questo ricordiamoci anche che non siamo dei supereroi pronti a salvare il mondo, ci sono delle cose che non potremo mai cambiare, ma una cosa la possiamo fare di sicuro: lasciamo andare quello che non possiamo cambiare, ma solo dopo aver lottato per questo.

SEGRETO n. 2: per essere resilienti non dobbiamo fingere di essere chi non siamo.

Il dialogo è sempre fatto da almeno due persone, e quando si diventa consapevoli della necessità di cambiare le scelte sono due: troviamo il modo consensuale di farlo, oppure ognuno deve avere il diritto/dovere di vivere come meglio crede.

Ma tu per primo non puoi vivere in continua assenza di ossigeno o stimoli solo per far contente altre persone. E questo in ogni ambito: affettivo, lavorativo, relazionale…

La resilienza in questo è fondamentale. Ti dà la forza di non mollare, di cercare sempre il piano B per arrivare a una soluzione, ma deve anche darti l'intelligenza di capire che è inutile intestardirsi su cose che non possiamo cambiare: o le accettiamo con serenità perché abbiamo capito che quella è la soluzione migliore, oppure un bel grazie e arrivederci.

La vita è la tua, non permettere a nessuno di fare scelte per te se non sono le stesse scelte che obiettivamente avresti fatto anche tu da solo.

In questo dobbiamo avere la massima onestà con noi stessi, non raccontiamoci la favoletta che la nostra zona di comfort desidera sentirsi dire.

Nel nostro cuore, se ci guardiamo bene, sappiamo quello che è giusto per noi. Facciamolo!

Per cambiare la tua vita non serve fuggire su un'isola deserta. A me ha sempre fatto sorridere quando sento qualcuno che mi dice così.

Ricordati che se non sei sereno tu sarai la stessa persona infelice anche su un'isola deserta, perché la tua insoddisfazione ti seguirà ovunque vai, essa è dentro di te e non fuori.

SEGRETO n. 3: per essere resilienti bisogna prima di tutto amare sè stessi.

Cerchiamo di essere sempre e comunque la nostra migliore versione, e impariamo per prima cosa a fare la pace con noi stessi.

Molto spesso siamo noi i nostri primi nemici e avversari quando invece dovremmo amarci veramente, essere fieri di quello che siamo e di quello che facciamo se lo facciamo con il cuore, con etica, con passione.

Se siamo in grado di fare questo riusciremo a creare un alone magico attorno a noi e chiunque lo potrà percepire.

RIEPILOGO DEL CAPITOLO 5:
- SEGRETO n. 1: per essere resilienti non bisogna mai smettere di lottare.
- SEGRETO n. 2: per essere resilienti non dobbiamo fingere di essere chi non siamo.
- SEGRETO n. 3: per essere resilienti bisogna prima di tutto amare sé stessi.

Conclusione

Siamo arrivati alla fine di questa meravigliosa avventura.

Spero che le mie parole ti abbiano aiutato o almeno dato uno spunto di miglioramento in qualsiasi situazione tu ti stia trovando.

Ricordati che non sei solo, che dentro di te hai la forza che ti permette di superare tutti gli ostacoli che dovrai affrontare, dal più piccolo al più grande.

Affronta la vita con un atteggiamento resiliente, ti posso assicurare che ne uscirai sicuramente rafforzato e che questa forza ti aiuterà nelle esperienze future.

Ricorda che ogni volta che riuscirai a superare un ostacolo la tua autostima ne uscirà rafforzata, ti darà una carica inestimabile. Ama te stesso e fai la pace con te stesso, datti sempre una pacca sulla spalla tutte le volte che devi affrontare qualcosa e convinciti che ce la puoi fare!

La mia personale esperienza non vuole assolutamente demotivarti, anzi il contrario!

Magari le mie battaglie viste dal tuo punto di vista ti possono sembrare ridicole, ma sappi che per me sono state difficoltà che, nel momento in cui le ho affrontate, mi sembravano insormontabili.

Non pensare mai che gli altri siano più fortunati di te, non conosciamo le difficoltà che stanno vivendo e magari gente che tu reputi migliore di te potrebbe essere disposta a vendere un rene per avere la famiglia che ti sei costruito, oppure la professione che hai intrapreso con così tanta passione e dedizione.

Sii fiero del tuo passato e costruisci ogni giorno il tuo presente. Non mi ricordo chi disse: "Fai della tua vita un capolavoro!". Ecco, questo è il migliore augurio che ti faccio: sii resiliente e vedrai che riuscirai a fare grandissime cose!

Se sono riuscita anche minimamente a darti qualche consiglio utile per migliorare la tua vita ne sono felice. Non ho la presunzione di insegnare niente a nessuno ma solo di dare degli spunti su cui ognuno di noi può riflettere.

Se il mio libro ti è piaciuto mi farebbe piacere ricevere da te un feedback che mi aiuti a crescere e migliorare.

Scrivimi pure, te ne sarò grata!

www.facebook.com/sabrina.brunelli.18

sabrina.brunelli@tiscali.it

https://sabrinabrunelli.cam.tv

A presto e sii resiliente!

Un abbraccio
Sabrina

www.ingramcontent.com/pod-product-compliance
Lightning Source LLC
Chambersburg PA
CBHW070514090426
42735CB00012B/2779